Inhalt

Pharmahandel - Katzenjammer um knappe Margen

Kernthesen

Beitrag

Fallbeispiele

Zahlen und Fakten

Weiterführende Literatur

Impressum

GENIOS BranchenWissen Nr. 07 vom 28.07.2011

Pharmahandel - Katzenjammer um knappe Margen

Anja Schneider

Kernthesen

- Nur wenige Pharmagroßhändler dominieren den deutschen Markt. Sie sind das Bindeglied zwischen den etwa 1 500 Herstellern von pharmazeutischen Produkten und den rund 21 500 Apotheken im Bundesgebiet.
- Der Bundesverband des pharmazeutischen Großhandels (PHAGRO) meldete für das abgelaufene Geschäftsjahr wieder einen drastischen Rückgang des Gewinns vor Steuern.
- Der deutsche Apothekenmarkt konnte auch 2010 wieder wachsen und bleibt der größte

in Europa.
- Mit der Neuordnung des Arzneimittelmarkts (AMNOG) erwarten der pharmazeutische Großhandel und die Apotheken weitere Umsatz- und Ertragsrückgänge.

Beitrag

Indirektes Vertriebsmodell im deutschen Pharmahandel

Der Absatzweg der Medikamente läuft in Deutschland in der Regel vom Hersteller zunächst an die Pharmagroßhändler. Diese beliefern dann meist mehrmals täglich zu fest vereinbarten Terminen die Einzelhändler, also die Apotheken. Sie beraten und verkaufen an die privaten Endkunden. Dieses Vertriebssystem nennt man indirekt. Der Pharmagroßhandel ist damit das Bindeglied zwischen den etwa 1 500 Herstellern von pharmazeutischen Produkten und den rund 21 500 Apotheken im Bundesgebiet. Die Apotheken werden teilweise auch direkt durch die Pharmahersteller beliefert, doch zum größten Teil haben sie die Beschaffung und Lagerung an den Großhandel abgegeben. Dieser hat über die

Jahre leistungsfähige Lager- und Lieferprozesse entwickelt, die eine schnelle, flächendeckende und sichere Belieferung der Apotheken gewährleisten. Ergänzend bieten sie unterstützende Dienstleistungen an, wie etwa Hilfe bei der Patientenberatung, moderne Warenwirtschafts- und Kassensysteme, Fortbildungen, Marketingmaterial oder Musterdistribution. Einige Großhändler betreiben auch selbst Einzelhandel und führen Präsenzapotheken.

Nur wenige Pharmagroßhändler konkurrieren in Deutschland

Die 13 pharmazeutischen Großhändler, die ein Vollsortiment führen, sind im Bundesverband des Pharmazeutischen Großhandels (PHAGRO) organisiert. Die Branche beschäftigt knapp 17 000 Arbeitnehmer und sorgte im Jahre 2010 für einen Umsatz von 24,9 Milliarden Euro. (1)

Die führenden Wettbewerber im deutschen Markt sind Phoenix (gehört zu Merckle), Celesio (gehört zu Haniel), Anzag Andreae-Noris-Zahn AG (gehört zu Alliance Boots) und Sanacorp (eigentlich eine Apothekeneinkaufsgenossenschaft). In der Branche kursieren Gerüchte um einen möglichen Verkauf von Celesio. An der Spitze des Unternehmens gab es gerade einen Wechsel. Der langjährige Chef Fritz Oesterle tritt ab, sein Nachfolger Markus Pinger sucht derzeit nach der besten Strategie für die weitere Entwicklung des Unternehmens. Anzag wurde im vergangenen Jahr vom britischen Pharmahändler Alliance Boots übernommen. Dieser war damit der erste ausländische Wettbewerber, der den Einstieg in den hiesigen Markt geschafft hat.

Pharmaeinzelhandel mit vielen Apotheken flächendeckend vertreten

Deutschlands Bürger sind gut mit Arzneimitteln versorgt. Rund 21 500 stationäre Apotheken und rund 30 Versandapotheken gibt es hierzulande. Sie schaffen rund 144 000 Arbeitsplätze (ABDA). Noch ist die Branche stark reglementiert. Der deutsche Apothekenmarkt, größter Markt in Europa, konnte auch 2010 wachsen. Er verbuchte einen Gesamtumsatz in Höhe von knapp 25,6 Milliarden Euro und legte damit um 3,7 Prozent zu. [Abb. 1]

Der Umsatz mit rezeptpflichtigen Arzneimitteln kletterte um knapp fünf Prozent und liegt nun bei 21,2 Milliarden Euro. Die rezeptfreien, aber apothekenpflichtigen Arzneimittel schrumpften um über drei Prozent auf 2,8 Milliarden Euro. Auf Grund des Fremd- und Mehrbesitzverbots dürfen nur Apotheker Medikamente an den Endverbraucher abgeben, Kapitalgesellschaften ist das untersagt. Ketten sind verboten: Jeder Apotheker darf in der Bundesrepublik maximal vier Filialen betreiben. Die Preisgestaltung unterliegt starren Beschränkungen. Die gesetzlichen Krankenkassen legen für so genannte erstattungsfähige Arzneimittel einen Erstattungshöchstbetrag fest. Die Aufschläge, die Großhändler und Apotheken verlangen dürfen, sind geregelt. (2)

Pharmahandel beklagt Margenverfall durch AMNOG

Seit etlichen Jahren schmelzen die Margen im Pharmagroßhandel. So beklagte der Bundesverband des pharmazeutischen Großhandels (PHAGRO) für das abgelaufene Geschäftsjahr wieder einen drastischen Rückgang des Gewinns vor Steuern. 2009 hätten die Großhändler noch 172 Millionen Euro erwirtschaftet, 2010 wären es nur noch knapp über hundert Millionen Euro gewesen. Zurückgeführt werde diese Entwicklung auf die anhaltenden Sparmaßnahmen im Arzneimittelmarkt, wie beispielsweise der Zwangsrabatt für Hersteller, das Preismoratorium, die Rabattverträge und die

Festbetragsregelungen. Doch die Arzneimittelausgaben in Deutschland steigen von Jahr zu Jahr um durchschnittlich fünf Prozent. Um die Krankenkassen zu entlasten hat der Gesetzgeber, also die schwarz-gelbe Regierungskoalition, im Arzneimittelmarktneuordnungsgesetz (AMNOG) unter anderem beschlossen, dass der Pharmahandel insgesamt 400 Millionen Euro zur Krankenkassenfinanzierung beisteuern muss. 200 Millionen Euro muss der Großhandel aufbringen, die anderen 200 Millionen Euro gehen zu Lasten des Einzelhandels, also der Apotheken. Diese Schmälerung der Gewinnspannen nehmen natürlich weder die einen noch die anderen ohne Murren hin. Sämtliche Hintertürchen werden geprüft, jeder ist bemüht, möglichst viel an den vor- oder nachgelagerten Partner oder Kunden abzuwälzen. Die Apotheken klagen darüber, dass ihnen die infolge von AMNOG bescherten Lagerwertverluste niemand ausgleiche, nicht die Politik, nicht die Hersteller, nicht die Großhändler. Sie werden sich selbst etwas einfallen lassen müssen, um ihre Erlöse im laufenden Geschäft zu steigern. Einige Großhändler haben angekündigt, dass sie die 200 Millionen Euro Belastung an die Apotheken weitergeben wollen, indem sie ihre Konditionen ändern und beispielsweise weniger Skonto geben. Andere wollen mit besseren Konditionen neue Kunden gewinnen. Überraschend selbstkritisch äußerte sich der Vorstandchef von

Anzag und gab dem von der Branche selbst verursachten ruinösen Rabattwettbewerb in Deutschland die Schuld an der Margenmisere: "Würden wir diese betriebswirtschaftlich unsinnigen Konditionen nicht geben, hätten wir ausreichend Ertrag". (3), (4), (5)

Wege aus der Margenkrise?

Das Pharmagroßhandelsgeschäft ist also margenschwach. Etliche Wettbewerber suchen daher nach Strategien, die das Geschäft profitabel ergänzen könnten. Anbieter Phoenix beispielsweise prüft, ob er seine Logistikkompetenz für ein anderes Geschäftsfeld nutzen könnte. Celesios neuer Chef überdenkt die Chancen und Risiken einer horizontalen Differenzierung oder einer vertikalen Integration, also entweder mehr Geschäft mit den bestehenden Kunden oder ein stärkeres Engagement im Einzelhandel. Auch ein Blick auf die ausländischen Märkte zeigt, wie es gehen könnte. Die britische Alliance Boots treibt den Einzelhandel voran und erzielt Gewinne, von denen die hiesigen Pharmagroßhändler derzeit nur träumen können. McKesson aus den USA verfolgt eine horizontale Differenzierung, indem Krankenhäuser mit umfangreichen IT-Dienstleistungen versorgt werden. In der Regel lassen sich Biotechunternehmen beim

Vertrieb ihrer Produkte von großen etablierten Pharmaherstellern unter die Arme greifen, beispielsweise indem sie ein Lizenzgeschäft abschließen. Das Biotechnologieunternehmen Aeterna Zentaris will einen anderen Weg gehen. Es plant eine Partnerschaft mit einem deutschen Pharmagroßhändler, der das Darmkrebsmittel Perifosin in Europa vermarkten soll. Der amerikanische Pharmadienstleister Express Scrips Inc. sieht das Heil im Wachstum und will den eigentlich größeren, aber derzeit angeschlagenen Wettbewerber Medco Health Solutions Inc. übernehmen. Dieser Zusammenschluss würde den größten Pharmadienstleister in den USA entstehen lassen und könnte auch Krankenversicherungen und Arbeitgebern helfen, günstiger an Medikamente heranzukommen. Sie könnten dann mit ihrer geballten Einkaufsmacht gegenüber Pharmakonzernen auftreten und die Preise herunterhandeln. Mit einem Abschluss der Übernahme wird im ersten Halbjahr 2012 gerechnet, vorausgesetzt die Anteilseigner und Wettbewerbsbehörden sind einverstanden. Medco ist übrigens auch in Deutschland engagiert: Im vergangenen Jahr gründete Medco ein Gemeinschaftsunternehmen mit Celesio, das als Dienstleister für Krankenkassen auftritt und eine bessere und billigere Versorgung von Patienten mit chronischen Erkrankungen verspricht. (6), (7), (8)

Trends

Im Pharmaeinzelhandel lassen sich vor allem zwei Trends beobachten: Zum einen gewinnt der Versandhandel bei den freiverkäuflichen Arzneimitteln (OTC) kontinuierlich Marktanteile. Zum anderen drängen Drogerien mit Bestell- und Abholservice - den sogenannten Pick-up-Stellen - in das angestammte Geschäft der Apotheken. Der Pharmagroßhandel sucht nach Strategien und Geschäftschancen, um die insgesamt erwirtschafteten Margen anzuheben.

Fallbeispiele

Führende Pharmagroßhändler im deutschen Markt

Zu den führenden Pharmagroßhändlern in Deutschland zählen Phoenix Pharmahandel GmbH & Co.KG, Mannheim, Celesio AG, Stuttgart, Andreae-Noris-Zahn AG (ANZAG), Frankfurt am Main, Sanacorp Pharmahandel GmbH, Planegg und NOWEDA eG Apothekergenossenschaft, Essen.

Marktführer in Deutschland ist **Phoenix P**

Stärkster Wettbewerber ist **Celesio AG** (

Anzag wurde im Herbst 2010 vom britischen F

Sanacorp ist eigentlich die älteste und größte Apothekergenossenschaft in Deutschland. Der Großhandel ging aus der im Juli 1929 gegründeten Einkaufsgenossenschaft Württembergischer Apotheker hervor. 1992 wurde das Unternehmen in Sanacorp eG Pharmazeutische Großhandlung umbenannt. Die Sanacorp Holding erzielte 2009 einen Umsatz von 3,6 Milliarden Euro.

Ein weiterer großer Anbieter im deutschen Pharmahandelsgeschäft ist **Noveda**. Gegründet 1939 in Essen von sieben Apothekern gehört heute das Handelshaus heute über 8 000 Apothekern, hat 14 Niederlassungen in Deutschland und erzielt einen Gesamtumsatz von 3,5 Milliarden Euro. (12)

Auch Neueinsteiger treten in den Markt. So ging im Sommer der Großhandel der **Gesine**-Apothekenkooperation an die Arbeit. Der Beschluss, als Vollsortimenter ins Großhandelsgeschäft einzusteigen, fiel bereits im November 2011; seit Mai 2011 werden Apotheken mit Tages- und Nachttouren beliefert. Im ersten Jahr strebt der Gesine-Großhandel einen Umsatz von 200 Millionen Euro an. (13), (14)

Europäischer Top-Player Alliance Boots

Der führende europäische Pharmagroßhändler und Apothekenbetreiber ist die britische **Alliance Boots**. Deren Umsatz nahm im vergangenen Jahr um 35 Prozent auf 22,5 Milliarden Pfund zu, wobei das Wachstum nicht organisch sondern durch Akquisitionen erzielt wurde. Im zurückliegenden Geschäftsjahr erwarb Alliance Boots die Mehrheit am türkischen Wettbewerber Hedef Alliance und an der deutschen Anzag, geplant sind Zukäufe in Asien und Lateinamerika. Gleichzeitig arbeitet das Unternehmen daran, seine Schulden abzubauen und einen Börsengang vorzubereiten. (15)

Zahlen & Fakten

Abbildung 1: Der Pharmahandel in Deutschland im Überblick

Pharmagroßhandel

13 Pharmagroßhändler, die als Vollsortimenter im Verband PHAGRO organisiert sind

24,9 Milliarden Euro Umsatz (2010)

17.000 Mitarbeiter

Top-Player in Deutschland: Phoenix, Celesio, Anzag, Sanacorp, Noweda

Pharmaeinzelhandel

21.500 Apotheken und 30 Versandapotheken

25,6 Milliarden Euro Umsatz (2010)

144.000 Arbeitsplätze

Quelle: PHAGRO, ABDA Zusammenstellung: GBI-Genios

Weiterführende Literatur

(1) Spitzenwert für Pharmagroßhändler: "Bestätigung unserer effektiven Zusammenarbeit mit Apotheken" aus news aktuell, 2011-07-11

(2) INSIGHT Health zum deutschen Apothekenmarkt im Jahr 2010: Fünf Prozent mehr Umsatz mit verschreibungspflichtigen Arzneimitteln aus news aktuell, 2011-01-26

(3) Anzag-Chef Trümper: "Wir sind selber schuld!"
aus Ärzte Zeitung Nr. 120 vom 01.07.2011, Seite 19

(4) Apotheker wollen Belastungen des Großhandels nicht mittragen
aus PZ Pharmazeutische Zeitung vom 16.12.2010 Seite 6

(5) Apotheker müssen Verluste hinnehmen
aus PZ Pharmazeutische Zeitung vom 13.01.2011 Seite 38

(6) Neuer Celesio-Chef will bei Konkurrenz abgucken
Markus Pinger sucht noch nach Strategie für Pharmagroßhändler // Vorbilder Alliance Boots und McKesson // FTD-Gespräch
aus Financial Times Deutschland vom 24.06.2011, Seite 3

(7) Neue Wege in der Vermarktung von Arzneimitteln
aus Frankfurter Allgemeine Zeitung, 18.07.2011, Nr. 164, S. 13

(8) Großübernahme in amerikanischer Gesundheitsbranche
aus Frankfurter Allgemeine Zeitung, 22.07.2011, Nr. 168, S. 15

(9) Die Phoenix Group
aus Frankfurter Allgemeine Zeitung, 22.07.2011, Nr. 168, S. 15

(10) Mit gut 23 Mrd. - Jahresumsatz kommt der

deutsche Pharmagrosshändler Celesio auf einen...
aus Finanz und Wirtschaft vom 13.04.2011, Seite 29

(11) Britischer Konzern drängt in deutschen Apothekenmarkt
aus WirtschaftsWoche online vom 20101019, 08:25:23

(12) Gold für Pharmagroßhandel Noweda
aus PZ Pharmazeutische Zeitung vom 20.01.2011 Seite 45

(13) Gesine-Großhandel vor dem Start
aus PZ Pharmazeutische Zeitung vom 11.03.2011 Seite 42

(14) Rote Gesine-Wanne als Markenzeichen
aus PZ Pharmazeutische Zeitung vom 21.07.2011 Seite 34

(15) Alliance Boots bereitet Börsengang vor
aus Finanz und Wirtschaft vom 13.04.2011, Seite 29

Impressum

Pharmahandel - Katzenjammer um knappe Margen

Bibliografische Information der deutschen Nationalbibliothek

Die Deutsche Nationalbibliothek verzeichnet diese Publikation in der deutschen Nationalbibliografie; detaillierte bibliografische Daten sind im Internet über http://dnb.d-nb.de abrufbar.

ISBN: 978-3-7379-2766-6

© 2015 GBI-Genios Deutsche Wirtschaftsdatenbank GmbH, Freischützstraße 96, 81927 München, www.genios.de

Alle Rechte vorbehalten. Dieses Werk ist einschließlich aller seiner Teile – z.B. Texte, Tabellen und Grafiken - urheberrechtlich geschützt. Jede Verwertung außerhalb der Grenzen des Urheberrechtsgesetzes bedarf der vorherigen Zustimmung des Verlags. Dies gilt insbesondere auch für auszugsweise Nachdrucke, fotomechanische Vervielfältigungen (Fotokopie/Mikroskopie), Übersetzungen, Auswertungen durch Datenbanken oder ähnliche Einrichtungen und die Einspeicherung und Verarbeitung in elektronischen Systemen.